Reinhard Staubach

Possierliche Verse
63 Staubericks

Reinhard Staubach

Possierliche Verse

63 Staubericks

Umschlagbild:
Bunte Drachen über dem Nordseestrand bei
St. Peter-Ording, Deutschland

Illustrationen vom Autor

Reinhard Staubach
Possierliche Verse
63 Staubericks

1. Auflage

© Copyright by Reinhard Staubach
Ebersbach-Musbach, 2016

Herstellung und Verlag: BoD - Books on Demand,
Norderstedt

Nachdruck und Vervielfältigung jeder Art, auch auf Bild-, Ton-, Daten- und andere Träger, insbesondere Fotokopien (auch zum privaten Gebrauch), sind nicht erlaubt und nur nach vorheriger schriftlicher Absprache mit dem Autor möglich.

www.reinhard-staubach.de

ISBN 978-3-7431-1733-4

*Menschen sind,
damit sie Freude haben können.*

Lehi, um 580 v. Chr.

BM, 2 Nephi 2:25

Gedanken

Die Tatsache muss man erwähnen:
Gedanken, sogar die mondänen,
  entweichen dem Mund
  und tuen sich kund
meist laut - manchmal leise beim Gähnen.

Der Drachentöter

Viel Geld gab Herr Lehmann in Schachen
für Bücher zum Töten von Drachen.
  Die Drachen sich bogen,
   vielleicht ungelogen:
Die letzten verstarben beim Lachen.

Die Dame

Da gabs eine Dame in Bühren,
die tat gerne Männer verführen.
  Besonders bei Nacht,
  dort glücklich sie macht.
Kassierend stets saft'ge Gebühren.

Vergessen

„Sie haben's mit Neunzig recht weit nun gebracht.
Besitzen ein Schloss und 'ne riesige Jacht.
  Wann hören Sie auf zu arbeiten?"
Da nimmt ihn der Reiche beiseiten:
„Verzeihung, ich weiß nicht mehr, wie man das
                            macht."

Bergwanderung

Ein Berg sprach begeistert zum andern:
„Komm lass uns zum Meere hin wandern."
  Dort voll Übermut
   sie sprang' in die Flut.
Drum gibt's keine Berge in Flandern.

Schneekristalle

Sehr zart sind die zackigen Spitzen.
Im Kreise sie harmonisch blitzen.
   Obwohl meist vollkommen.
   Es sind keine Frommen.
Im Himmel da woll'n sie nicht sitzen.

Der Spiegel

Frau Müller kauft täglich drei Tiegel,
mit Balsam - es blitzt auch ein Siegel.
  Die feuchte Substanz
  erhöht ihren Glanz.
Sie wohnt schon seit Jahren im Spiegel.

Der Sieg

Die Kriege, es gibt sie seit Menschengedenken.
Gebietende nie ihren Einfluss beschränken.
  Das schönste am Krieg
  ist schließlich der Sieg.
Daran mag so mancher im Frieden gern denken.

Der letzte Apfel

Ein einsamer Apfel hoch oben im Baum
erträumte am Ast einen herrlichen Traum.
  Er wünschte kurzum,
    sich viel Publikum
für seinen famosen Aktiv-Purzelbaum.

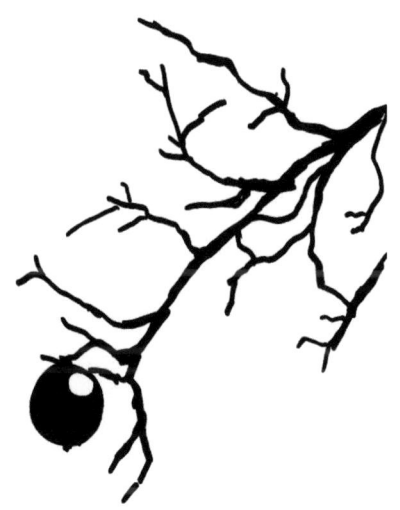

Der Wunsch

„Was möchtest du hören, mein Manne?"
So flötete zwinkernd Susanne.
  Er sah freie Bahn
  und sagte spontan:
„Das brutzelnde Fleisch in der Pfanne."

Die Geliebte

Vergeblich beteuerte Piet:
„Geliebte, ich bin exquisit!"
  Da schrie die Jasmin:
  „Ich brauch Medizin,
weil vor mir ein Brechmittel kniet!"

Am Strand

Das Rauschen des Meeres erfreuet die Seele.
Denn Wasser hat herrliches Gold in der Kehle.
   Es gluckst
   und juxt,
damit's meine trockenen Füß' nicht verfehle.

Im Flieger

Kaum saß sie im Flieger, die Frau Weberlich.
Hoch über den Wolken sie sprach unendlich.
  Sie plauderte echt
  von niemandem schlecht.
Wen wundert's - sie sprach pausenlos nur von
                                        sich.

Satan

Obwohl er nun nicht mehr in unsrer Kultur:
Der Teufel, welch witzig dubiose Figur.
  Mit Hörnern und Huf
  und lausigem Ruf,
schlüpft jäh er ins Hirn ohne Schädelfraktur.

Der Ehrliche

Der Mann hielt das Schild wie zur Zier.
Darauf stand sein Ziel, sein Pläsier:
　„Ich bin spiegelblank,
　im Geiste nicht krank.
Erbitte Kollekte für Bier."

Der letzte Wunsch

Herr Boll lag im sterben und war nicht bereit.
Es kam auch ein Priester, auf dass er geweiht.
  „Hinfort mit dem Pfaffen!",
  begann er zu blaffen,
„Ich will ihn erst sehn bei Bewusstlosigkeit!"

Das Gottesurteil

„Ruft lauter, ihr Priester, das ist eure Nummer",
Eliah verhöhnte, „denn Baal liegt im Schlummer.
  Mit dem ihr in Sünden,
  soll Reisig entzünden!"
Das Opfer der Priester blieb kalt -
                          welch ein Kummer.

Eliah, der Seher, ein Gottesgetreuer,
goss Wasser aufs Opfer, das war ungeheuer.
  Die Priester verstörte,
  weil Gott ihn erhörte.
Das Opfer entzündend, vom Himmel fiel Feuer.

Siehe: AT, 1 Könige 18:20-40

Diät

Es sagte Frau Schulze: „Du bist viel zu schwer!
Sei locker und mache Diät mir zur Ehr'."
  Aus Freude am Essen
  tat heimlich er fressen.
Nun zeigt seine Wage ihm zwölf Kilo mehr.

Träume

Ideen erfüllten Herrn Reiter.
Denn Träume stets stimmten ihn heiter.
 Die geistigen Blitze,
 oft waren sie spitze,
doch manchmal zu klug für Herrn Reiter.

Unbeliebt

Wenn Viktor sein Wissen vergibt,
er meistens das Feeling versiebt.
   Was ist daran schlecht?
   Er hat ja stets Recht.
Doch macht ihn das nicht sehr beliebt.

Die Wahl

„Das Wählen, es ist mir verleidet",
Herr Meier abwägend entscheidet.
　„Warum mich noch quälen
　und jemanden wählen,
der dann meine Freiheit beschneidet?"

Museumskanonen

Vor Jahren schon wurden sie kaltgestellt,
die tötenden Rohre der Fürstenwelt.
  Sie nützen nichts mehr
  und stehen umher.
Anbettelnd Besucher um Eintrittsgeld.

Das Rezept

„Wie schaffst du es nur, deine Meinung zu
                                    spalten?",
so fragte Marie ihren Mann ungehalten.
  „Das ist ungefährlich,
  denn ich lege jährlich,
die Stirne ein einziges Mal nur in Falten."

Speisen

Verharmlose nie ein Gericht,
denn Speisen, die haben Gewicht.
 Es nahmen schon teil
 am Menschenunheil:
'ne Frucht[1] und ein Linsengericht.[2]

---

[1] Adam und Eva wurden im Garten von Eden durch den Genuss einer Frucht vom *Baum der Erkenntnis* sterblich (AT, Genesis 3).
[2] Nach biblischen Berichten verkaufte Esau sein Erstgeburtsrecht an seinen jüngeren Bruder Jakob für ein Linsengericht. Jakob wird von Juden, Christen und Moslems als Prophet anerkannt. (AT, Genesis 25:27-34; DK, Sure 12).

Der Schwabe

Da gab es den sparsamen Schwaben,
der konnt' sich mit Freuden dran laben
  in maßlosen Zügen
  glatt jedes Vergnügen
sich rund um die Uhr zu versagen.

Elementar

Herr Georg bestückt sein Archiv
mit Fakten, gern hochexplosiv.
  Denn Wahrheiten sind,
  das weiß jedes Rind,
für Lügen höchst konstitutiv.

Ein neues Jahr

So manche Vorsätze im Alltag verfielen.
Drum auf nun zu neuen und schöneren Zielen.
 Denn im neuen Jahr,
 auch das ist stets klar,
da drückt man ein Auge fest zu, um zu zielen.

Angst

Ganz unverhofft hast du mal Angst.
In finsterer Nacht du dann bangst.
  Was sollst du nur tun,
  um wieder zu ruh'n?
Dann ängstige eiskalt die Angst!

Entlohnung

„Herr Klempner, die Rechnung, sie ist untragbar.
Die Stunde für 300 Euro in bar?
 Soviel kassier ich,
  als Rechtsanwalt nich'."
„Verdiente ich auch nicht, als ich Anwalt war."

Wenn Worte fehlen

Herr Häberlein mochte nicht zeigen,
wenn Themen ihn voll übersteigen.
  Dann gab er 'ne Show
  und tat einfach so,
als hätte er was zu verschweigen.

Gütertrennung

Herr Schulze verdankt seiner Ex
'ne Wohnung so schön wie ein Klecks.
　Noch vor sieben Jahr',
　　bevor sie ein Paar,
besaß er ein Schlösschen in Gex.

Einsicht

Der Urlaubsort war ein Genuss.
Für Herbert jedoch nur Verdruss.
 „Hier ist es auch fade",
  so sprach er, „drum schade,
weil ich mich stets mitnehmen muss."

Männer und Technik

Der neueste Fernseher ist imposant.
Für Hans sind die Knöpfe hochinteressant.
  Das Anleitungsheft
  ist nicht sein Geschäft.
Ein richtiger Mann, der hat schließlich Verstand.

Der Staatsmann

„Ich möcht' dich als Staatsmann nun fragen,
wie schaffst du's die Bürde zu tragen?"
„Du darfst niemand kränken
und musst zweimal denken;
sodann mit viel Worten nichts sagen."

Verdruckt

Im Rechner ein Lügenprodukt.
Das Fell meiner Fäuste arg juckt.
  Die Rechte geballt,
  sie macht vor nichts halt,
sogleich war der Bildschirm verdruckt.

Wunderschön

„Geliebter, ich steh vor dem Nichts!",
vor brechendem Schranke sie spricht's.
  Er blickte begehrlich
  und sagte ganz ehrlich:
„Du bist wunderschön mit viel Nichts."

Die Reichen

Sie wohnen auch manchmal im Zelt,
erlauben sich stets was gefällt.
   Woher weht ihr Wind?
   Ob anders sie sind?
Gewiss, denn sie haben mehr Geld.

Frauen ...

Dem Schöpfer sind Frauen fantastisch gelungen,
die schöne Figur mild mit Liebe durchdrungen.
  Doch durch Übertreibung
   der freien Entscheidung
sind einige Weiber vom Übel umschlungen.

... Männer

Dem Schöpfer sind Männer vorzüglich gelungen,
die edle Statur tief mit Muskeln durchdrungen.
  Doch durch Übertreibung
    der freien Entscheidung
sind einige Kerle von Dummheit umschlungen.

Er sieht alles

„Du Vati, sieht Gott unbemerkbar[*)],
wenn ich etwas tu, was nicht ehrbar?"
  „Wahrscheinlich, mein Sohn.
  Er hat 'nen Spion,
der alles erspäht: Unser Nachbar."

---
*) NT, Matthäus 6:6

Stop and Go

Frau Knörle reist gern nach Berlin.
Und manchmal sogar bis nach Wien.
  An Ampeln sie steht,
  freut sich, wenn nichts geht,
dort riecht es so schön nach Benzin.

Gewissheit

Wenn du nicht mehr darfst in die Disko.
Der Wirt nichts mehr anschreibt im Bistro.
  Verduftet die Frau.
  Dann weißt du genau:
Du steckst bis zum Hals tief im Dispo.

Der Redner

Da gab es in Rom einen Schweden,
der tat für sein Leben gern reden.
  Zu jedem Sujet,
   das war sein Metier,
begann er im Garten von Eden.[*)]

---
*) AT, Genesis 1:26-31

Die Perspektive

„Marie, lass die Torte doch sein",
warnt Edith beim Marzipanschwein,
 „du bist schon so dick."
 „Ich bin nicht zu dick!
Bin bloß einen Meter zu klein."

Die Chance

„Du träumst schon zu lange - worauf?"
„Die Chance, ich warte darauf."
  „Vergiss es, mein Freund,
  denn niemals sie streunt.
Der Zeitpunkt ist jetzt, nun wach auf!"

Alzheimer

„He Paule, beinah hätt' ich dich nicht erkannt.
Auch dick bist du, fesch und noch sehr elegant."
  „Entschuldigen Sie,
  ich bin die Marie."
„Ach so, operiert und sogleich umbenannt."

Vorurteile

Karlheiz braucht sich nicht mehr beeilen,
die globale Welt einzuteilen.
  Das macht er ganz lässig,
  zuweilen gehässig,
aus seinem Vorrat an Urteilen.

Werktag

Marina träumt still in den herrlichen Tag.
Ihr Boss fragt: „Was machen Sie Sonntag?"
　Sie blickt hoffnungsvoll.
　„Äh, nichts", sagt sie, „toll!"
„Heut Mittwoch", er brüllt laut, „ist kein Feiertag!"

Der Maler

Da gab's einen Mann in Westfalen,
der wählte stets gern die Sozialen.
  Man sperrte ihn ein
  ins Klinikum Rhein.
Er wollte die Luft rot anmalen.

Schnecken

„Herr Ober, was gibt's ohne Beine?"
„Die Schnecken, das sind extrafeine."
  „Das kann man wohl sagen,
  man sollte sie jagen,
denn letztens bediente mich eine."

Noah

Weil Noah so gerne auf Gottes Wort hörte,
erbaut er die Arche*⁾, was viele empörte.
   Doch er und noch sieben
   sind lebend geblieben.
Auch Rudolf, das Rentier, der Ruf ganz betörte.

---

*) AT, Genesis 6-9

Die Antwort

„Ich las alle Schriften, sogar den Koran",
beklagt sich beim Guru blass zitternd Julian:
  „Mehr Weisheit muss her;
  ich friere so sehr."
Der Meister erwidert: „Dann zieh dich warm an."

Umstellung

Obwohl stets recht einfach der Start,
Ernährungsumstellung ist hart.
  Der Magen arg knurrt,
  und hörbar laut murrt.
Er träumt von Bocuse à la Carte.

Staatsgründung

Stets suchend nach Geld für 'nen eigenen Staat,
lässt drucken Herr Schulze ein großes Plakat:
  „Erbitt eine Gabe,
  ein Teil ich schon habe -
Die Blume des Reiches: den Eisbergsalat."

Vegetarier

„Halt ein!", rief Roberto, „ich ess' nur keimfrei.
Ich bin Vegetarier und schlucke kein Blei."
  Des Diebesbeschluss
  stand fest vor dem Schuss:
„Dann beiß schön ins Gras und mach nicht so'n
                                Geschrei."

Umzug

„Du bist umgezogen?", fragt Egon beim Bier.
„Ja, gestern. Ich wohne jetzt im Stockwerk vier."
  „Im selbigen Haus?
  Was trieb dich hinaus?"
„Das ist", sagte Sepp, „der Zigeuner in mir."

Zweifel

Herr Baumann war schier am verzweifeln.
Es half nicht, das Hirn sanft zu streicheln.
 Da hört er vom Bauch,
 es klingt wie ein Hauch:
„Dann zweifle doch an deinen Zweifeln."

Die Lady

Es ist fast unglaublich, doch wahr.
Marianne nennt niemals ihr Jahr.
　Doch schließlich in Gänze
　zählt sie 40 Lenze.
Sie brauchte dafür 70 Jahr'.

Wetterphänomene

„Alsbald über Monate gibt es viel Schnee!"
Die Frösche vom Wetter erklärten's per se.
  Doch wilde Natur
  hat kein Abitur.
Drum blüh'n nun die Kirschen im Straßencafé.

Jagdzeit

Herr Nielsen im schönen Stadthagen
gibt wenig auf Hören und Sagen.
  Er glaubt nur noch das,
    was kommt aus 'nem Fass.
Drum tut ihn der Teufel arg jagen.

Wein

„Macht Jesus den Wein nur aus Wasser?"
„Mein Sohn, das berichten Verfasser."[*]
  „Dann ist Opa christlich
  und super vorbildlich.
Er gießt in Weinfässer auch Wasser."

---

[*] NT, Johannes 2:1-12

Die Rufe

Bevor noch der Urlaub beginnt,
da stapeln sich Infos geschwind.
  Man könnte drauf schwören,
  sie sind stets zu hören,
die Rufe der Düsen im Spind.

Das Bühnenwerk

„Wie ist es, mein Werk von den Recken?"
Der Kritiker tat es ihm stecken:
　„Ganz gut, doch am Schluss
　gehört noch ein Schuss."
„Wozu?" - „Um die Leute zu wecken."

Staubericks

Jeweils fünf Zeilen, oft heiter, aber auch besinnlich und bisweilen bizarr. Alle Gedichte sind nach dem Reimschema aa bb a und mit Auftakt geschrieben (Limerick). Sie entfalten sich voll, wenn sie rhythmisch und laut im Dreivierteltakt gelesen werden.

Autor

Reinhard Staubach, 1947 in Polen geboren, lebt seit 1958 in Deutschland. Nach dem Besuch der Volksschule absolvierte er eine Lehre zum Elektromechaniker. Er fuhr zur See, erwarb das Abitur auf dem zweiten Bildungsweg und studierte Germanistik und Erziehungswissenschaft an der Universität Mannheim. Während zwei Jahrzehnten Berufstätigkeit im Führungsmanagement, lebte er zeitweise in Frankreich. Neben seinen Büchern wurden viele Erzählungen und Kurzgeschichten in Zeitungen und Zeitschriften in Deutschland, Österreich, Frankreich und der Schweiz publiziert.

Abkürzungen

AT = Altes Testament der Bibel
NT = Neues Testament der Bibel
BM = Das Buch Mormon
DK = Der Koran

Weitere Bücher
von Reinhard Staubach:

Wiedersehen in Lissabon - Erzählungen

Starnitz - Eine Reise nach Pommern und Ostpreußen

Das Fledermaus-Sportfest - Illustrierte Erzählungen aus dem Reich der Fabeln

Dem Licht entgegen - Spirituelle Erlebnisse

Ein Kiesel zum Verlieben - Gedichte

www.reinhard-staubach.de